Ce carnet de golf Appartient à :

Nom : ___________________________

Téléphone : ___________________________

Email : ___________________________

Carnet de Golf

Date: **Heure de début :**   **Heure de fin :**

Emplacement : ....

Temps : ☀ ☁ 🌧 ⚑   **Température :** ....

Partenaires de golf : ....

Eagles: ....   **Bogeys:** ....

Birdies: ....   **Bogey+:** ....

Pars: ....   **Autres :** ....

Trous	1	2	3	4	5	6	7	8	9	Total
Fairway										
Par										
Stroke										
Putts										
Hazard										
Penalties										
Score										

Trous	1	2	3	4	5	6	7	8	9	Total
Fairway										
Par										
Stroke										
Putts										
Hazard										
Penalties										
Score										

Carnet de Golf

Date: **Heure de début :**   **Heure de fin :**

Emplacement : ....

Temps : ☀ ☁ 🌧 ⚑   **Température :** ....

Partenaires de golf : ....

Eagles:	....	Bogeys:	....
Birdies:	....	**Bogey+:**	....
Pars:	....	**Autres :**	....

Trous	1	2	3	4	5	6	7	8	9	Total
Fairway										
Par										
Stroke										
Putts										
Hazard										
Penalties										
Score										
Trous	1	2	3	4	5	6	7	8	9	Total
Fairway										
Par										
Stroke										
Putts										
Hazard										
Penalties										
Score										

Carnet de Golf

Date: Heure de début :   Heure de fin :

Emplacement : ....

Temps : ☀ ☁ 🌧 ⚑   Température : ....

Partenaires de golf : ....

Eagles: ....   Bogeys: ....

Birdies: ....   Bogey+: ....

Pars: ....   Autres : ....

Trous	1	2	3	4	5	6	7	8	9	Total
Fairway										
Par										
Stroke										
Putts										
Hazard										
Penalties										
Score										

Trous	1	2	3	4	5	6	7	8	9	Total
Fairway										
Par										
Stroke										
Putts										
Hazard										
Penalties										
Score										

Carnet de Golf

Date: **Heure de début :** **Heure de fin :**

Emplacement : ....

Temps : ☀ ☁ 🌧 ⚑ **Température :** ....

Partenaires de golf : ....

Eagles: .... **Bogeys:** ....

Birdies: .... **Bogey+:** ....

Pars: .... **Autres :** ....

Trous	1	2	3	4	5	6	7	8	9	Total
Fairway										
Par										
Stroke										
Putts										
Hazard										
Penalties										
Score										
Trous	1	2	3	4	5	6	7	8	9	Total
Fairway										
Par										
Stroke										
Putts										
Hazard										
Penalties										
Score										

Carnet de Golf

Date: Heure de début :   Heure de fin :

Emplacement : ....

Temps : ☀ ☁ 🌧 ⚑   Température : ....

Partenaires de golf : ....

Eagles:	Bogeys: ....
Birdies:	Bogey+: ....
Pars:	Autres : ....

Trous	1	2	3	4	5	6	7	8	9	Total
Fairway										
Par										
Stroke										
Putts										
Hazard										
Penalties										
Score										

Trous	1	2	3	4	5	6	7	8	9	Total
Fairway										
Par										
Stroke										
Putts										
Hazard										
Penalties										
Score										

Carnet de Golf

Date: **Heure de début :**   **Heure de fin :**

Emplacement : ....

Temps : ☀ ☁ 🌧 ⚑   **Température :** ....

Partenaires de golf : ....

Eagles: ....   **Bogeys:** ....

Birdies: ....   **Bogey+:** ....

Pars: ....   **Autres :** ....

Trous	1	2	3	4	5	6	7	8	9	Total
Fairway										
Par										
Stroke										
Putts										
Hazard										
Penalties										
Score										

Trous	1	2	3	4	5	6	7	8	9	Total
Fairway										
Par										
Stroke										
Putts										
Hazard										
Penalties										
Score										

Carnet de Golf

Date: **Heure de début :**   **Heure de fin :**

Emplacement : ....

Temps : ☀ ☁ 🌧 ⚑   **Température :** ....

Partenaires de golf : ....

Eagles: ....   **Bogeys:** ....

Birdies: ....   **Bogey+:** ....

Pars: ....   **Autres :** ....

Trous	1	2	3	4	5	6	7	8	9	Total
Fairway										
Par										
Stroke										
Putts										
Hazard										
Penalties										
Score										

Trous	1	2	3	4	5	6	7	8	9	Total
Fairway										
Par										
Stroke										
Putts										
Hazard										
Penalties										
Score										

Carnet de Golf

Date: **Heure de début :**   **Heure de fin :**

Emplacement : ....

Temps : ☀ ☁ 🌧 ⚑   **Température :** ....

Partenaires de golf : ....

Eagles: ....   **Bogeys:** ....

Birdies: ....   **Bogey+:** ....

Pars: ....   **Autres :** ....

Trous	1	2	3	4	5	6	7	8	9	Total
Fairway										
Par										
Stroke										
Putts										
Hazard										
Penalties										
Score										

Trous	1	2	3	4	5	6	7	8	9	Total
Fairway										
Par										
Stroke										
Putts										
Hazard										
Penalties										
Score										

Carnet de Golf

Date: **Heure de début :** **Heure de fin :**

Emplacement : ....

Temps : ☀ ☁ 🌧 ⚑ **Température :** ....

Partenaires de golf : ....

Eagles: .... **Bogeys:** ....

Birdies: .... **Bogey+:** ....

Pars: .... **Autres :** ....

Trous	1	2	3	4	5	6	7	8	9	Total
Fairway										
Par										
Stroke										
Putts										
Hazard										
Penalties										
Score										

Trous	1	2	3	4	5	6	7	8	9	Total
Fairway										
Par										
Stroke										
Putts										
Hazard										
Penalties										
Score										

Carnet de Golf

Date: **Heure de début :** **Heure de fin :**

Emplacement : ....

Temps : ☀ ☁ 🌧 ⚑ **Température :** ....

Partenaires de golf : ....

Eagles: .... **Bogeys:** ....

Birdies: .... **Bogey+:** ....

Pars: .... **Autres :** ....

Trous	1	2	3	4	5	6	7	8	9	Total
Fairway										
Par										
Stroke										
Putts										
Hazard										
Penalties										
Score										

Trous	1	2	3	4	5	6	7	8	9	Total
Fairway										
Par										
Stroke										
Putts										
Hazard										
Penalties										
Score										

Carnet de Golf

Date: **Heure de début :**   **Heure de fin :**

Emplacement : ....

Temps : ☀ ☁ 🌧 ⚐   **Température :** ....

Partenaires de golf : ....

Eagles: ....   **Bogeys:** ....

Birdies: ....   **Bogey+:** ....

Pars: ....   **Autres :** ....

Trous	1	2	3	4	5	6	7	8	9	Total
Fairway										
Par										
Stroke										
Putts										
Hazard										
Penalties										
Score										

Trous	1	2	3	4	5	6	7	8	9	Total
Fairway										
Par										
Stroke										
Putts										
Hazard										
Penalties										
Score										

Carnet de Golf

Date: **Heure de début :**   **Heure de fin :**

Emplacement : ....

Temps : ☀ ☁ 🌧 ⚑   **Température :** ....

Partenaires de golf : ....

Eagles: ....   **Bogeys:** ....

Birdies: ....   **Bogey+:** ....

Pars: ....   **Autres :** ....

Trous	1	2	3	4	5	6	7	8	9	Total
Fairway										
Par										
Stroke										
Putts										
Hazard										
Penalties										
Score										

Trous	1	2	3	4	5	6	7	8	9	Total
Fairway										
Par										
Stroke										
Putts										
Hazard										
Penalties										
Score										

Carnet de Golf

Date: **Heure de début :**   **Heure de fin :**

Emplacement : ....

Temps : ☀ ☁ 🌧 ⚑   **Température :** ....

Partenaires de golf : ....

Eagles: ....   **Bogeys:** ....

Birdies: ....   **Bogey+:** ....

Pars: ....   **Autres :** ....

Trous	1	2	3	4	5	6	7	8	9	Total
Fairway										
Par										
Stroke										
Putts										
Hazard										
Penalties										
Score										

Trous	1	2	3	4	5	6	7	8	9	Total
Fairway										
Par										
Stroke										
Putts										
Hazard										
Penalties										
Score										

Carnet de Golf

Date: **Heure de début :**   **Heure de fin :**

Emplacement : ....

Temps : ☼ ☁ 🌧 ⚑   **Température :** ....

Partenaires de golf : ....

Eagles: ....   **Bogeys:** ....

Birdies: ....   **Bogey+:** ....

Pars: ....   **Autres :** ....

Trous	1	2	3	4	5	6	7	8	9	Total
Fairway										
Par										
Stroke										
Putts										
Hazard										
Penalties										
Score										

Trous	1	2	3	4	5	6	7	8	9	Total
Fairway										
Par										
Stroke										
Putts										
Hazard										
Penalties										
Score										

Carnet de Golf

Date: Heure de début :   Heure de fin :

Emplacement : ....

Temps : ☀ ☁ 🌧 ⚑   Température : ....

Partenaires de golf : ....

Eagles: ....   Bogeys: ....

Birdies: ....   Bogey+: ....

Pars: ....   Autres : ....

Trous	1	2	3	4	5	6	7	8	9	Total
Fairway										
Par										
Stroke										
Putts										
Hazard										
Penalties										
Score										

Trous	1	2	3	4	5	6	7	8	9	Total
Fairway										
Par										
Stroke										
Putts										
Hazard										
Penalties										
Score										

Carnet de Golf

Date: **Heure de début :**   **Heure de fin :**

Emplacement : ....

Temps : ☀   ☁   🌧   ⚑   **Température :** ....

Partenaires de golf : ....

Eagles: ....   **Bogeys:** ....

Birdies: ....   **Bogey+:** ....

Pars: ....   **Autres :** ....

Trous	1	2	3	4	5	6	7	8	9	Total
Fairway										
Par										
Stroke										
Putts										
Hazard										
Penalties										
Score										
Trous	1	2	3	4	5	6	7	8	9	Total
Fairway										
Par										
Stroke										
Putts										
Hazard										
Penalties										
Score										

Carnet de Golf

Date: **Heure de début :** **Heure de fin :**

Emplacement : ....

Temps : ☀ ☁ 🌧 ⚑   **Température :** ....

Partenaires de golf : ....

Eagles: ....   **Bogeys:** ....

Birdies: ....   **Bogey+:** ....

Pars: ....   **Autres :** ....

Trous	1	2	3	4	5	6	7	8	9	Total
Fairway										
Par										
Stroke										
Putts										
Hazard										
Penalties										
Score										

Trous	1	2	3	4	5	6	7	8	9	Total
Fairway										
Par										
Stroke										
Putts										
Hazard										
Penalties										
Score										

Carnet de Golf

Date: **Heure de début :** **Heure de fin :**

Emplacement : ....

Temps : ☀ ☁ 🌧 ⚑ **Température :** ....

Partenaires de golf : ....

Eagles: .... **Bogeys:** ....

Birdies: .... **Bogey+:** ....

Pars: .... **Autres :** ....

Trous	1	2	3	4	5	6	7	8	9	Total
Fairway										
Par										
Stroke										
Putts										
Hazard										
Penalties										
Score										

Trous	1	2	3	4	5	6	7	8	9	Total
Fairway										
Par										
Stroke										
Putts										
Hazard										
Penalties										
Score										

Carnet de Golf

Date: **Heure de début :**   **Heure de fin :**

Emplacement : ....

Temps : ☀ ☁ 🌧 ⚑   **Température :** ....

Partenaires de golf : ....

Eagles: ....   **Bogeys:** ....

Birdies: ....   **Bogey+:** ....

Pars: ....   **Autres :** ....

Trous	1	2	3	4	5	6	7	8	9	Total
Fairway										
Par										
Stroke										
Putts										
Hazard										
Penalties										
Score										

Trous	1	2	3	4	5	6	7	8	9	Total
Fairway										
Par										
Stroke										
Putts										
Hazard										
Penalties										
Score										

Carnet de Golf

Date: **Heure de début :**   **Heure de fin :**

Emplacement : ....

Temps : ☀ ☁ 🌧 ⚑   **Température :** ....

Partenaires de golf : ....

Eagles: ....   **Bogeys:** ....

Birdies: ....   **Bogey+:** ....

Pars: ....   **Autres :** ....

Trous	1	2	3	4	5	6	7	8	9	Total
Fairway										
Par										
Stroke										
Putts										
Hazard										
Penalties										
Score										

Trous	1	2	3	4	5	6	7	8	9	Total
Fairway										
Par										
Stroke										
Putts										
Hazard										
Penalties										
Score										

Carnet de Golf

Date: **Heure de début :**   **Heure de fin :**

Emplacement : ....

Temps : ☀ ☁ 🌧 ⚑   **Température :** ....

Partenaires de golf : ....

Eagles: ....   **Bogeys:** ....

Birdies: ....   **Bogey+:** ....

Pars: ....   **Autres :** ....

Trous	1	2	3	4	5	6	7	8	9	Total
Fairway										
Par										
Stroke										
Putts										
Hazard										
Penalties										
Score										

Trous	1	2	3	4	5	6	7	8	9	Total
Fairway										
Par										
Stroke										
Putts										
Hazard										
Penalties										
Score										

Carnet de Golf

Date: **Heure de début :** **Heure de fin :**

Emplacement : ....

Temps : ☀ ☁ 🌧 ⚑ **Température :** ....

Partenaires de golf : ....

Eagles: .... **Bogeys:** ....

Birdies: .... **Bogey+:** ....

Pars: .... **Autres :** ....

Trous	1	2	3	4	5	6	7	8	9	Total
Fairway										
Par										
Stroke										
Putts										
Hazard										
Penalties										
Score										

Trous	1	2	3	4	5	6	7	8	9	Total
Fairway										
Par										
Stroke										
Putts										
Hazard										
Penalties										
Score										

Carnet de Golf

Date: **Heure de début :**   **Heure de fin :**

Emplacement : ....

Temps : ☀ ☁ 🌧 ⚑   **Température :** ....

Partenaires de golf : ....

Eagles: ....   **Bogeys:** ....

Birdies: ....   **Bogey+:** ....

Pars: ....   **Autres :** ....

Trous	1	2	3	4	5	6	7	8	9	Total
Fairway										
Par										
Stroke										
Putts										
Hazard										
Penalties										
Score										

Trous	1	2	3	4	5	6	7	8	9	Total
Fairway										
Par										
Stroke										
Putts										
Hazard										
Penalties										
Score										

Carnet de Golf

Date: **Heure de début :**   **Heure de fin :**

Emplacement : ....

Temps : ☀ ☁ 🌧 ⚑   **Température :** ....

Partenaires de golf : ....

Eagles: ....   **Bogeys:** ....

Birdies: ....   **Bogey+:** ....

Pars: ....   **Autres :** ....

Trous	1	2	3	4	5	6	7	8	9	Total
Fairway										
Par										
Stroke										
Putts										
Hazard										
Penalties										
Score										

Trous	1	2	3	4	5	6	7	8	9	Total
Fairway										
Par										
Stroke										
Putts										
Hazard										
Penalties										
Score										

Carnet de Golf

Date: **Heure de début :**   **Heure de fin :**

Emplacement : ....

Temps : ☀ ☁ 🌧 ⚑   **Température :** ....

Partenaires de golf : ....

Eagles: ....   **Bogeys:** ....

Birdies: ....   **Bogey+:** ....

Pars: ....   **Autres :** ....

Trous	1	2	3	4	5	6	7	8	9	Total
Fairway										
Par										
Stroke										
Putts										
Hazard										
Penalties										
Score										

Trous	1	2	3	4	5	6	7	8	9	Total
Fairway										
Par										
Stroke										
Putts										
Hazard										
Penalties										
Score										

Carnet de Golf

Date: **Heure de début :** **Heure de fin :**

Emplacement : ....

Temps : ☀ ☁ 🌧 ⚑ **Température :** ....

Partenaires de golf : ....

Eagles: .... **Bogeys:** ....

Birdies: .... **Bogey+:** ....

Pars: .... **Autres :** ....

Trous	1	2	3	4	5	6	7	8	9	Total
Fairway										
Par										
Stroke										
Putts										
Hazard										
Penalties										
Score										
Trous	1	2	3	4	5	6	7	8	9	Total
Fairway										
Par										
Stroke										
Putts										
Hazard										
Penalties										
Score										

Carnet de Golf

Date: **Heure de début :** **Heure de fin :**

Emplacement : ....

Temps : ☀ ☁ 🌧 ⚑ **Température :** ....

Partenaires de golf : ....

Eagles: .... **Bogeys:** ....

Birdies: .... **Bogey+:** ....

Pars: .... **Autres :** ....

Trous	1	2	3	4	5	6	7	8	9	Total
Fairway										
Par										
Stroke										
Putts										
Hazard										
Penalties										
Score										

Trous	1	2	3	4	5	6	7	8	9	Total
Fairway										
Par										
Stroke										
Putts										
Hazard										
Penalties										
Score										

Carnet de Golf

Date: **Heure de début :**   **Heure de fin :**

Emplacement : ....

Temps : ☀ ☁ 🌧 ⚑   **Température :** ....

Partenaires de golf : ....

Eagles: ....   **Bogeys:** ....

Birdies: ....   **Bogey+:** ....

Pars: ....   **Autres :** ....

Trous	1	2	3	4	5	6	7	8	9	Total
Fairway										
Par										
Stroke										
Putts										
Hazard										
Penalties										
Score										
Trous	1	2	3	4	5	6	7	8	9	Total
Fairway										
Par										
Stroke										
Putts										
Hazard										
Penalties										
Score										

Carnet de Golf

Date: **Heure de début :**   **Heure de fin :**

Emplacement : ....

Temps : ☀ ☁ 🌧 ⚑   **Température :** ....

Partenaires de golf : ....

Eagles: ....   **Bogeys:** ....

Birdies: ....   **Bogey+:** ....

Pars: ....   **Autres :** ....

Trous	1	2	3	4	5	6	7	8	9	Total
Fairway										
Par										
Stroke										
Putts										
Hazard										
Penalties										
Score										
Trous	1	2	3	4	5	6	7	8	9	Total
Fairway										
Par										
Stroke										
Putts										
Hazard										
Penalties										
Score										

Carnet de Golf

Date: **Heure de début :**   **Heure de fin :**

Emplacement : ....

Temps : ☀ ☁ 🌧 ⚑   **Température :** ....

Partenaires de golf : ....

Eagles: ....   **Bogeys:** ....

Birdies: ....   **Bogey+:** ....

Pars: ....   **Autres :** ....

Trous	1	2	3	4	5	6	7	8	9	Total
Fairway										
Par										
Stroke										
Putts										
Hazard										
Penalties										
Score										

Trous	1	2	3	4	5	6	7	8	9	Total
Fairway										
Par										
Stroke										
Putts										
Hazard										
Penalties										
Score										

Carnet de Golf

Date: **Heure de début :**   **Heure de fin :**

Emplacement : ....

Temps : ☀ ☁ 🌧 ⚑   **Température :** ....

Partenaires de golf : ....

Eagles:	**Bogeys:** ....
Birdies:	**Bogey+:** ....
Pars:	**Autres :** ....

Trous	1	2	3	4	5	6	7	8	9	Total
Fairway										
Par										
Stroke										
Putts										
Hazard										
Penalties										
Score										

Trous	1	2	3	4	5	6	7	8	9	Total
Fairway										
Par										
Stroke										
Putts										
Hazard										
Penalties										
Score										

Carnet de Golf

Date: **Heure de début :**   **Heure de fin :**

Emplacement : ....

Temps :   ☀   ☁   🌧   ⚑   **Température :** ....

Partenaires de golf : ....

Eagles: ....   **Bogeys:** ....

Birdies: ....   **Bogey+:** ....

Pars: ....   **Autres :** ....

Trous	1	2	3	4	5	6	7	8	9	Total
Fairway										
Par										
Stroke										
Putts										
Hazard										
Penalties										
Score										

Trous	1	2	3	4	5	6	7	8	9	Total
Fairway										
Par										
Stroke										
Putts										
Hazard										
Penalties										
Score										

Carnet de Golf

Date: **Heure de début :**   **Heure de fin :**

Emplacement : ....

Temps :   ☀   ☁   🌧   ⚑   **Température :** ....

Partenaires de golf : ....

Eagles: ....   **Bogeys:** ....

Birdies: ....   **Bogey+:** ....

Pars: ....   **Autres :** ....

Trous	1	2	3	4	5	6	7	8	9	Total
Fairway										
Par										
Stroke										
Putts										
Hazard										
Penalties										
Score										

Trous	1	2	3	4	5	6	7	8	9	Total
Fairway										
Par										
Stroke										
Putts										
Hazard										
Penalties										
Score										

Carnet de Golf

Date:	Heure de début :	Heure de fin :

Emplacement : ....

Temps : ☀ ☁ 🌧 ⚑ **Température :** ....

Partenaires de golf : ....

Eagles:	....	Bogeys:	....
Birdies:	....	Bogey+:	....
Pars:	....	Autres :	....

Trous	1	2	3	4	5	6	7	8	9	Total
Fairway										
Par										
Stroke										
Putts										
Hazard										
Penalties										
Score										

Trous	1	2	3	4	5	6	7	8	9	Total
Fairway										
Par										
Stroke										
Putts										
Hazard										
Penalties										
Score										

Carnet de Golf

Date: **Heure de début :**   **Heure de fin :**

Emplacement : ....

Temps : ☀ ☁ 🌧 ⚑   **Température :** ....

Partenaires de golf : ....

Eagles:	....	**Bogeys:**	....
Birdies:	....	**Bogey+:**	....
Pars:	....	**Autres :**	....

Trous	1	2	3	4	5	6	7	8	9	Total
Fairway										
Par										
Stroke										
Putts										
Hazard										
Penalties										
Score										

Trous	1	2	3	4	5	6	7	8	9	Total
Fairway										
Par										
Stroke										
Putts										
Hazard										
Penalties										
Score										

Carnet de Golf

Date: **Heure de début :** **Heure de fin :**

Emplacement : ....

Temps : ☀ ☁ 🌧 ⚑ **Température :** ....

Partenaires de golf : ....

Eagles: .... **Bogeys:** ....

Birdies: .... **Bogey+:** ....

Pars: .... **Autres :** ....

Trous	1	2	3	4	5	6	7	8	9	Total
Fairway										
Par										
Stroke										
Putts										
Hazard										
Penalties										
Score										

Trous	1	2	3	4	5	6	7	8	9	Total
Fairway										
Par										
Stroke										
Putts										
Hazard										
Penalties										
Score										

Carnet de Golf

Date: **Heure de début :**   **Heure de fin :**

Emplacement : ....

Temps : ☀ ☁ 🌧 ⚑   **Température :** ....

Partenaires de golf : ....

Eagles: ....   **Bogeys:** ....

Birdies: ....   **Bogey+:** ....

Pars: ....   **Autres :** ....

Trous	1	2	3	4	5	6	7	8	9	Total
Fairway										
Par										
Stroke										
Putts										
Hazard										
Penalties										
Score										

Trous	1	2	3	4	5	6	7	8	9	Total
Fairway										
Par										
Stroke										
Putts										
Hazard										
Penalties										
Score										

Carnet de Golf

Date: **Heure de début :**   **Heure de fin :**

Emplacement : ....

Temps : ☀ ☁ 🌧 ⚑   **Température :** ....

Partenaires de golf : ....

Eagles: ....   **Bogeys:** ....

Birdies: ....   **Bogey+:** ....

Pars: ....   **Autres :** ....

Trous	1	2	3	4	5	6	7	8	9	Total
Fairway										
Par										
Stroke										
Putts										
Hazard										
Penalties										
Score										

Trous	1	2	3	4	5	6	7	8	9	Total
Fairway										
Par										
Stroke										
Putts										
Hazard										
Penalties										
Score										

Carnet de Golf

Date: **Heure de début :**   **Heure de fin :**

Emplacement : ....

Temps : ☀ ☁ 🌧 ⚑   **Température :** ....

Partenaires de golf : ....

Eagles:		**Bogeys:** ....
Birdies:		**Bogey+:** ....
Pars:		**Autres :** ....

Trous	1	2	3	4	5	6	7	8	9	Total
Fairway										
Par										
Stroke										
Putts										
Hazard										
Penalties										
Score										

Trous	1	2	3	4	5	6	7	8	9	Total
Fairway										
Par										
Stroke										
Putts										
Hazard										
Penalties										
Score										

Carnet de Golf

Date: **Heure de début :**   **Heure de fin :**

Emplacement : ....

Temps : ☀ ☁ 🌧 ⚑   **Température :** ....

Partenaires de golf : ....

Eagles: ....   **Bogeys:** ....

Birdies: ....   **Bogey+:** ....

Pars: ....   **Autres :** ....

Trous	1	2	3	4	5	6	7	8	9	Total
Fairway										
Par										
Stroke										
Putts										
Hazard										
Penalties										
Score										
Trous	1	2	3	4	5	6	7	8	9	Total
Fairway										
Par										
Stroke										
Putts										
Hazard										
Penalties										
Score										

Carnet de Golf

Date: **Heure de début :** **Heure de fin :**

Emplacement : ....

Temps : ☀ ☁ 🌧 ⚑ **Température :** ....

Partenaires de golf : ....

Eagles: .... **Bogeys:** ....

Birdies: .... **Bogey+:** ....

Pars: .... **Autres :** ....

Trous	1	2	3	4	5	6	7	8	9	Total
Fairway										
Par										
Stroke										
Putts										
Hazard										
Penalties										
Score										

Trous	1	2	3	4	5	6	7	8	9	Total
Fairway										
Par										
Stroke										
Putts										
Hazard										
Penalties										
Score										

Carnet de Golf

Date: **Heure de début :**   **Heure de fin :**

Emplacement : ....

Temps : ☀ ☁ 🌧 ⚑   **Température :** ....

Partenaires de golf : ....

Eagles: ....   **Bogeys:** ....

Birdies: ....   **Bogey+:** ....

Pars: ....   **Autres :** ....

Trous	1	2	3	4	5	6	7	8	9	Total
Fairway										
Par										
Stroke										
Putts										
Hazard										
Penalties										
Score										

Trous	1	2	3	4	5	6	7	8	9	Total
Fairway										
Par										
Stroke										
Putts										
Hazard										
Penalties										
Score										

Carnet de Golf

Date: **Heure de début :**   **Heure de fin :**

Emplacement : ....

Temps : ☀ ☁ 🌧 ⚑   **Température :** ....

Partenaires de golf : ....

Eagles: ....   **Bogeys:** ....

Birdies: ....   **Bogey+:** ....

Pars: ....   **Autres :** ....

Trous	1	2	3	4	5	6	7	8	9	Total
Fairway										
Par										
Stroke										
Putts										
Hazard										
Penalties										
Score										

Trous	1	2	3	4	5	6	7	8	9	Total
Fairway										
Par										
Stroke										
Putts										
Hazard										
Penalties										
Score										

Carnet de Golf

Date: **Heure de début :**   **Heure de fin :**

Emplacement : ....

Temps : ☀ ☁ 🌧 ⚑   **Température :** ....

Partenaires de golf : ....

Eagles: ....   **Bogeys:** ....

Birdies: ....   **Bogey+:** ....

Pars: ....   **Autres :** ....

Trous	1	2	3	4	5	6	7	8	9	Total
Fairway										
Par										
Stroke										
Putts										
Hazard										
Penalties										
Score										

Trous	1	2	3	4	5	6	7	8	9	Total
Fairway										
Par										
Stroke										
Putts										
Hazard										
Penalties										
Score										

Carnet de Golf

Date: **Heure de début :**   **Heure de fin :**

Emplacement : ....

Temps : ☀ ☁ 🌧 ⚑   **Température :** ....

Partenaires de golf : ....

Eagles: ....   **Bogeys:** ....

Birdies: ....   **Bogey+:** ....

Pars: ....   **Autres :** ....

Trous	1	2	3	4	5	6	7	8	9	Total
Fairway										
Par										
Stroke										
Putts										
Hazard										
Penalties										
Score										

Trous	1	2	3	4	5	6	7	8	9	Total
Fairway										
Par										
Stroke										
Putts										
Hazard										
Penalties										
Score										

Carnet de Golf

Date: **Heure de début :** **Heure de fin :**

Emplacement : ....

Temps : ☀ ☁ 🌧 ⚑   **Température :** ....

Partenaires de golf : ....

Eagles: ....   **Bogeys:** ....

Birdies: ....   **Bogey+:** ....

Pars: ....   **Autres :** ....

Trous	1	2	3	4	5	6	7	8	9	Total
Fairway										
Par										
Stroke										
Putts										
Hazard										
Penalties										
Score										

Trous	1	2	3	4	5	6	7	8	9	Total
Fairway										
Par										
Stroke										
Putts										
Hazard										
Penalties										
Score										

Carnet de Golf

| Date: | Heure de début : | Heure de fin : |

Emplacement : ....

Temps : ☀ ☁ 🌧 ⚑   **Température :** ....

Partenaires de golf : ....

Eagles: .... **Bogeys:** ....

Birdies: .... **Bogey+:** ....

Pars: .... **Autres :** ....

Trous	1	2	3	4	5	6	7	8	9	Total
Fairway										
Par										
Stroke										
Putts										
Hazard										
Penalties										
Score										

Trous	1	2	3	4	5	6	7	8	9	Total
Fairway										
Par										
Stroke										
Putts										
Hazard										
Penalties										
Score										

Carnet de Golf

Date:	Heure de début :	Heure de fin :

Emplacement : ....

Temps : ☀ ☁ 🌧 ⚑   Température : ....

Partenaires de golf : ....

Eagles:	Bogeys: ....
Birdies:	Bogey+: ....
Pars:	Autres : ....

Trous	1	2	3	4	5	6	7	8	9	Total
Fairway										
Par										
Stroke										
Putts										
Hazard										
Penalties										
Score										

Trous	1	2	3	4	5	6	7	8	9	Total
Fairway										
Par										
Stroke										
Putts										
Hazard										
Penalties										
Score										

Carnet de Golf

Date: **Heure de début :**   **Heure de fin :**

Emplacement : ....

Temps : ☀ ☁ 🌧 ⚑   **Température :** ....

Partenaires de golf : ....

Eagles: ....   **Bogeys:** ....

Birdies: ....   **Bogey+:** ....

Pars: ....   **Autres :** ....

Trous	1	2	3	4	5	6	7	8	9	Total
Fairway										
Par										
Stroke										
Putts										
Hazard										
Penalties										
Score										

Trous	1	2	3	4	5	6	7	8	9	Total
Fairway										
Par										
Stroke										
Putts										
Hazard										
Penalties										
Score										

Carnet de Golf

Date: **Heure de début :** **Heure de fin :**

Emplacement : ....

Temps : ☀ ☁ 🌧 ⚑ **Température :** ....

Partenaires de golf : ....

Eagles: .... **Bogeys:** ....

Birdies: .... **Bogey+:** ....

Pars: .... **Autres :** ....

Trous	1	2	3	4	5	6	7	8	9	Total
Fairway										
Par										
Stroke										
Putts										
Hazard										
Penalties										
Score										
Trous	1	2	3	4	5	6	7	8	9	Total
Fairway										
Par										
Stroke										
Putts										
Hazard										
Penalties										
Score										

Carnet de Golf

Date: **Heure de début :**   **Heure de fin :**

Emplacement : ....

Temps : ☀ ☁ 🌧 ⚑   **Température :** ....

Partenaires de golf : ....

Eagles:	**Bogeys:** ....
Birdies:	**Bogey+:** ....
Pars:	**Autres :** ....

Trous	1	2	3	4	5	6	7	8	9	Total
Fairway										
Par										
Stroke										
Putts										
Hazard										
Penalties										
Score										
Trous	1	2	3	4	5	6	7	8	9	Total
Fairway										
Par										
Stroke										
Putts										
Hazard										
Penalties										
Score										

Carnet de Golf

Date: **Heure de début :** **Heure de fin :**

Emplacement : ....

Temps : ☀ ☁ 🌧 ⚑ **Température :** ....

Partenaires de golf : ....

Eagles: .... **Bogeys:** ....

Birdies: .... **Bogey+:** ....

Pars: .... **Autres :** ....

Trous	1	2	3	4	5	6	7	8	9	Total
Fairway										
Par										
Stroke										
Putts										
Hazard										
Penalties										
Score										

Trous	1	2	3	4	5	6	7	8	9	Total
Fairway										
Par										
Stroke										
Putts										
Hazard										
Penalties										
Score										

Carnet de Golf

Date: **Heure de début :** **Heure de fin :**

Emplacement : ....

Temps : ☀ ☁ 🌧 ⚑ **Température :** ....

Partenaires de golf : ....

Eagles: .... **Bogeys:** ....

Birdies: .... **Bogey+:** ....

Pars: .... **Autres :** ....

Trous	1	2	3	4	5	6	7	8	9	Total
Fairway										
Par										
Stroke										
Putts										
Hazard										
Penalties										
Score										

Trous	1	2	3	4	5	6	7	8	9	Total
Fairway										
Par										
Stroke										
Putts										
Hazard										
Penalties										
Score										

Carnet de Golf

Date: **Heure de début :** **Heure de fin :**

Emplacement : ....

Temps : ☀ ☁ 🌧 ⚑ **Température :** ....

Partenaires de golf : ....

Eagles: .... **Bogeys:** ....

Birdies: .... **Bogey+:** ....

Pars: .... **Autres :** ....

Trous	1	2	3	4	5	6	7	8	9	Total
Fairway										
Par										
Stroke										
Putts										
Hazard										
Penalties										
Score										
Trous	1	2	3	4	5	6	7	8	9	Total
Fairway										
Par										
Stroke										
Putts										
Hazard										
Penalties										
Score										

Carnet de Golf

Date: **Heure de début :**   **Heure de fin :**

Emplacement : ....

Temps : ☀ ☁ 🌧 ⚑   **Température :** ....

Partenaires de golf : ....

Eagles: ....   **Bogeys:** ....

Birdies: ....   **Bogey+:** ....

Pars: ....   **Autres :** ....

Trous	1	2	3	4	5	6	7	8	9	Total
Fairway										
Par										
Stroke										
Putts										
Hazard										
Penalties										
Score										

Trous	1	2	3	4	5	6	7	8	9	Total
Fairway										
Par										
Stroke										
Putts										
Hazard										
Penalties										
Score										

Carnet de Golf

Date: **Heure de début :**   **Heure de fin :**

Emplacement : ....

Temps : ☀ ☁ 🌧 ⚑   **Température :** ....

Partenaires de golf : ....

Eagles: ....   **Bogeys:** ....

Birdies: ....   **Bogey+:** ....

Pars: ....   **Autres :** ....

Trous	1	2	3	4	5	6	7	8	9	Total
Fairway										
Par										
Stroke										
Putts										
Hazard										
Penalties										
Score										

Trous	1	2	3	4	5	6	7	8	9	Total
Fairway										
Par										
Stroke										
Putts										
Hazard										
Penalties										
Score										

Carnet de Golf

Date: **Heure de début :**   **Heure de fin :**

Emplacement : ....

Temps : ☀ ☁ 🌧 ⚑   **Température :** ....

Partenaires de golf : ....

Eagles: ....   **Bogeys:** ....

Birdies: ....   **Bogey+:** ....

Pars: ....   **Autres :** ....

Trous	1	2	3	4	5	6	7	8	9	Total
Fairway										
Par										
Stroke										
Putts										
Hazard										
Penalties										
Score										

Trous	1	2	3	4	5	6	7	8	9	Total
Fairway										
Par										
Stroke										
Putts										
Hazard										
Penalties										
Score										

Carnet de Golf

<table>
<tr><td>Date:</td><td>Heure de début :</td><td>Heure de fin :</td></tr>
</table>

Emplacement : ....

Temps : ☀ ☁ 🌧 ⚑   **Température :** ....

Partenaires de golf : ....

Eagles:		**Bogeys:**	
Birdies:		**Bogey+:**	
Pars:		**Autres :**	

Trous	1	2	3	4	5	6	7	8	9	Total
Fairway										
Par										
Stroke										
Putts										
Hazard										
Penalties										
Score										

Trous	1	2	3	4	5	6	7	8	9	Total
Fairway										
Par										
Stroke										
Putts										
Hazard										
Penalties										
Score										

Carnet de Golf

Date: **Heure de début :**   **Heure de fin :**

Emplacement : ....

Temps : ☀ ☁ 🌧 ⚑   **Température :** ....

Partenaires de golf : ....

Eagles: ....   **Bogeys:** ....

Birdies: ....   **Bogey+:** ....

Pars: ....   **Autres :** ....

Trous	1	2	3	4	5	6	7	8	9	Total
Fairway										
Par										
Stroke										
Putts										
Hazard										
Penalties										
Score										

Trous	1	2	3	4	5	6	7	8	9	Total
Fairway										
Par										
Stroke										
Putts										
Hazard										
Penalties										
Score										

Carnet de Golf

Date: **Heure de début :**   **Heure de fin :**

Emplacement : ....

Temps : ☀ ☁ 🌧 ⚑   **Température :** ....

Partenaires de golf : ....

Eagles: ....   **Bogeys:** ....

Birdies: ....   **Bogey+:** ....

Pars: ....   **Autres :** ....

Trous	1	2	3	4	5	6	7	8	9	Total
Fairway										
Par										
Stroke										
Putts										
Hazard										
Penalties										
Score										

Trous	1	2	3	4	5	6	7	8	9	Total
Fairway										
Par										
Stroke										
Putts										
Hazard										
Penalties										
Score										

Carnet de Golf

Date: **Heure de début :** **Heure de fin :**

Emplacement : ....

Temps : ☀ ☁ 🌧 ⚑ **Température :** ....

Partenaires de golf : ....

Eagles: .... **Bogeys:** ....

Birdies: .... **Bogey+:** ....

Pars: .... **Autres :** ....

Trous	1	2	3	4	5	6	7	8	9	Total
Fairway										
Par										
Stroke										
Putts										
Hazard										
Penalties										
Score										

Trous	1	2	3	4	5	6	7	8	9	Total
Fairway										
Par										
Stroke										
Putts										
Hazard										
Penalties										
Score										

Carnet de Golf

Date: **Heure de début :** **Heure de fin :**

Emplacement : ....

Temps : ☀ ☁ 🌧 ⚑ **Température :** ....

Partenaires de golf : ....

Eagles: .... **Bogeys:** ....

Birdies: .... **Bogey+:** ....

Pars: .... **Autres :** ....

Trous	1	2	3	4	5	6	7	8	9	Total
Fairway										
Par										
Stroke										
Putts										
Hazard										
Penalties										
Score										

Trous	1	2	3	4	5	6	7	8	9	Total
Fairway										
Par										
Stroke										
Putts										
Hazard										
Penalties										
Score										

Carnet de Golf

Date:	**Heure de début :** **Heure de fin :**

Emplacement : ....

Temps : ☀ ☁ 🌧 ⚑ **Température :** ....

Partenaires de golf : ....

Eagles:	....	**Bogeys:**	....
Birdies:	....	**Bogey+:**	....
Pars:	....	**Autres :**	....

Trous	1	2	3	4	5	6	7	8	9	Total
Fairway										
Par										
Stroke										
Putts										
Hazard										
Penalties										
Score										

Trous	1	2	3	4	5	6	7	8	9	Total
Fairway										
Par										
Stroke										
Putts										
Hazard										
Penalties										
Score										

Carnet de Golf

Date: Heure de début :   Heure de fin :

Emplacement : ....

Temps :   ☀   ☁   🌧   ⚑   Température : ....

Partenaires de golf : ....

Eagles: ....   Bogeys: ....

Birdies: ....   Bogey+:   ....

Pars: ....   Autres :   ....

Trous	1	2	3	4	5	6	7	8	9	Total
Fairway										
Par										
Stroke										
Putts										
Hazard										
Penalties										
Score										

Trous	1	2	3	4	5	6	7	8	9	Total
Fairway										
Par										
Stroke										
Putts										
Hazard										
Penalties										
Score										

Carnet de Golf

Date: **Heure de début :**   **Heure de fin :**

Emplacement : ....

Temps : ☀ ☁ 🌧 ⚑   **Température :** ....

Partenaires de golf : ....

Eagles: ....   **Bogeys:** ....

Birdies: ....   **Bogey+:** ....

Pars: ....   **Autres :** ....

Trous	1	2	3	4	5	6	7	8	9	Total
Fairway										
Par										
Stroke										
Putts										
Hazard										
Penalties										
Score										

Trous	1	2	3	4	5	6	7	8	9	Total
Fairway										
Par										
Stroke										
Putts										
Hazard										
Penalties										
Score										

Carnet de Golf

Date: **Heure de début :** **Heure de fin :**

Emplacement : ....

Temps : ☀ ☁ 🌧 ⚑ **Température :** ....

Partenaires de golf : ....

Eagles: .... **Bogeys:** ....

Birdies: .... **Bogey+:** ....

Pars: .... **Autres :** ....

Trous	1	2	3	4	5	6	7	8	9	Total
Fairway										
Par										
Stroke										
Putts										
Hazard										
Penalties										
Score										
Trous	1	2	3	4	5	6	7	8	9	Total
Fairway										
Par										
Stroke										
Putts										
Hazard										
Penalties										
Score										

Carnet de Golf

Date: **Heure de début :**   **Heure de fin :**

Emplacement : ....

Temps : ☀ ☁ 🌧 🏳   **Température :** ....

Partenaires de golf : ....

Eagles: ....   **Bogeys:** ....

Birdies: ....   **Bogey+:** ....

Pars: ....   **Autres :** ....

Trous	1	2	3	4	5	6	7	8	9	Total
Fairway										
Par										
Stroke										
Putts										
Hazard										
Penalties										
Score										

Trous	1	2	3	4	5	6	7	8	9	Total
Fairway										
Par										
Stroke										
Putts										
Hazard										
Penalties										
Score										

Carnet de Golf

Date: **Heure de début :**   **Heure de fin :**

Emplacement : ....

Temps : ☀ ☁ 🌧 ⚑   **Température :** ....

Partenaires de golf : ....

Eagles: ....   **Bogeys:** ....

Birdies: ....   **Bogey+:** ....

Pars: ....   **Autres :** ....

Trous	1	2	3	4	5	6	7	8	9	Total
Fairway										
Par										
Stroke										
Putts										
Hazard										
Penalties										
Score										

Trous	1	2	3	4	5	6	7	8	9	Total
Fairway										
Par										
Stroke										
Putts										
Hazard										
Penalties										
Score										

Carnet de Golf

Date: **Heure de début :** **Heure de fin :**

Emplacement : ....

Temps : ☀ ☁ 🌧 ⚑ **Température :** ....

Partenaires de golf : ....

Eagles: .... **Bogeys:** ....

Birdies: .... **Bogey+:** ....

Pars: .... **Autres :** ....

Trous	1	2	3	4	5	6	7	8	9	Total
Fairway										
Par										
Stroke										
Putts										
Hazard										
Penalties										
Score										

Trous	1	2	3	4	5	6	7	8	9	Total
Fairway										
Par										
Stroke										
Putts										
Hazard										
Penalties										
Score										

Carnet de Golf

Date: **Heure de début :**   **Heure de fin :**

Emplacement : ....

Temps : ☀ ☁ 🌧 ⚑   **Température :** ....

Partenaires de golf : ....

Eagles: ....   **Bogeys:** ....

Birdies: ....   **Bogey+:** ....

Pars: ....   **Autres :** ....

Trous	1	2	3	4	5	6	7	8	9	Total
Fairway										
Par										
Stroke										
Putts										
Hazard										
Penalties										
Score										

Trous	1	2	3	4	5	6	7	8	9	Total
Fairway										
Par										
Stroke										
Putts										
Hazard										
Penalties										
Score										

Carnet de Golf

Date: **Heure de début :**   **Heure de fin :**

Emplacement : ....

Temps : ☀ ☁ 🌧 ⚑   **Température :** ....

Partenaires de golf : ....

Eagles: ....   **Bogeys:** ....

Birdies: ....   **Bogey+:** ....

Pars: ....   **Autres :** ....

Trous	1	2	3	4	5	6	7	8	9	Total
Fairway										
Par										
Stroke										
Putts										
Hazard										
Penalties										
Score										

Trous	1	2	3	4	5	6	7	8	9	Total
Fairway										
Par										
Stroke										
Putts										
Hazard										
Penalties										
Score										

Carnet de Golf

Date: **Heure de début :** **Heure de fin :**

Emplacement : ....

Temps : ☀ ☁ 🌧 ⚑ **Température :** ....

Partenaires de golf : ....

Eagles: .... **Bogeys:** ....

Birdies: .... **Bogey+:** ....

Pars: .... **Autres :** ....

Trous	1	2	3	4	5	6	7	8	9	Total
Fairway										
Par										
Stroke										
Putts										
Hazard										
Penalties										
Score										

Trous	1	2	3	4	5	6	7	8	9	Total
Fairway										
Par										
Stroke										
Putts										
Hazard										
Penalties										
Score										

Carnet de Golf

Date: **Heure de début :** **Heure de fin :**

Emplacement : ....

Temps : ☀ ☁ 🌧 ⚑ **Température :** ....

Partenaires de golf : ....

Eagles: .... **Bogeys:** ....

Birdies: .... **Bogey+:** ....

Pars: .... **Autres :** ....

Trous	1	2	3	4	5	6	7	8	9	Total
Fairway										
Par										
Stroke										
Putts										
Hazard										
Penalties										
Score										

Trous	1	2	3	4	5	6	7	8	9	Total
Fairway										
Par										
Stroke										
Putts										
Hazard										
Penalties										
Score										

Carnet de Golf

Date: **Heure de début :** **Heure de fin :**

Emplacement : ....

Temps : ☀ ☁ 🌧 ⚑ **Température :** ....

Partenaires de golf : ....

Eagles: .... **Bogeys:** ....

Birdies: .... **Bogey+:** ....

Pars: .... **Autres :** ....

Trous	1	2	3	4	5	6	7	8	9	Total
Fairway										
Par										
Stroke										
Putts										
Hazard										
Penalties										
Score										
Trous	1	2	3	4	5	6	7	8	9	Total
Fairway										
Par										
Stroke										
Putts										
Hazard										
Penalties										
Score										

Carnet de Golf

Date: **Heure de début :** **Heure de fin :**

Emplacement : ....

Temps : ☀ ☁ 🌧 ⚑ **Température :** ....

Partenaires de golf : ....

Eagles: .... **Bogeys:** ....

Birdies: .... **Bogey+:** ....

Pars: .... **Autres :** ....

Trous	1	2	3	4	5	6	7	8	9	Total
Fairway										
Par										
Stroke										
Putts										
Hazard										
Penalties										
Score										

Trous	1	2	3	4	5	6	7	8	9	Total
Fairway										
Par										
Stroke										
Putts										
Hazard										
Penalties										
Score										

Carnet de Golf

Date: **Heure de début :**   **Heure de fin :**

Emplacement : ....

Temps : ☀ ☁ 🌧 ⚑   **Température :** ....

Partenaires de golf : ....

Eagles: ....   **Bogeys:** ....

Birdies: ....   **Bogey+:** ....

Pars: ....   **Autres :** ....

Trous	1	2	3	4	5	6	7	8	9	Total
Fairway										
Par										
Stroke										
Putts										
Hazard										
Penalties										
Score										

Trous	1	2	3	4	5	6	7	8	9	Total
Fairway										
Par										
Stroke										
Putts										
Hazard										
Penalties										
Score										

Carnet de Golf

Date: Heure de début :   Heure de fin :

Emplacement : ....

Temps : ☀ ☁ 🌧 ⚑   Température : ....

Partenaires de golf : ....

Eagles: ....   Bogeys: ....

Birdies: ....   Bogey+: ....

Pars: ....   Autres : ....

Trous	1	2	3	4	5	6	7	8	9	Total
Fairway										
Par										
Stroke										
Putts										
Hazard										
Penalties										
Score										

Trous	1	2	3	4	5	6	7	8	9	Total
Fairway										
Par										
Stroke										
Putts										
Hazard										
Penalties										
Score										

Carnet de Golf

Date: **Heure de début :**   **Heure de fin :**

Emplacement : ....

Temps : ☀ ☁ 🌧 ⚑   **Température :** ....

Partenaires de golf : ....

Eagles: ....   **Bogeys:** ....

Birdies: ....   **Bogey+:** ....

Pars: ....   **Autres :** ....

Trous	1	2	3	4	5	6	7	8	9	Total
Fairway										
Par										
Stroke										
Putts										
Hazard										
Penalties										
Score										

Trous	1	2	3	4	5	6	7	8	9	Total
Fairway										
Par										
Stroke										
Putts										
Hazard										
Penalties										
Score										

Carnet de Golf

Date: **Heure de début :**   **Heure de fin :**

Emplacement : ....

Temps : ☀ ☁ 🌧 ⚑   **Température :** ....

Partenaires de golf : ....

Eagles: ....   **Bogeys:** ....

Birdies: ....   **Bogey+:** ....

Pars: ....   **Autres :** ....

Trous	1	2	3	4	5	6	7	8	9	Total
Fairway										
Par										
Stroke										
Putts										
Hazard										
Penalties										
Score										
Trous	1	2	3	4	5	6	7	8	9	Total
Fairway										
Par										
Stroke										
Putts										
Hazard										
Penalties										
Score										

Carnet de Golf

Date: **Heure de début :** **Heure de fin :**

Emplacement : ....

Temps : ☀ ☁ 🌧 ⚐ **Température :** ....

Partenaires de golf : ....

Eagles: .... **Bogeys:** ....

Birdies: .... **Bogey+:** ....

Pars: .... **Autres :** ....

Trous	1	2	3	4	5	6	7	8	9	Total
Fairway										
Par										
Stroke										
Putts										
Hazard										
Penalties										
Score										

Trous	1	2	3	4	5	6	7	8	9	Total
Fairway										
Par										
Stroke										
Putts										
Hazard										
Penalties										
Score										

Carnet de Golf

Date: **Heure de début :** **Heure de fin :**

Emplacement : ....

Temps : ☀ ☁ 🌧 ⚑ **Température :** ....

Partenaires de golf : ....

Eagles: .... **Bogeys:** ....

Birdies: .... **Bogey+:** ....

Pars: .... **Autres :** ....

Trous	1	2	3	4	5	6	7	8	9	Total
Fairway										
Par										
Stroke										
Putts										
Hazard										
Penalties										
Score										

Trous	1	2	3	4	5	6	7	8	9	Total
Fairway										
Par										
Stroke										
Putts										
Hazard										
Penalties										
Score										

Carnet de Golf

Date: **Heure de début :**   **Heure de fin :**

Emplacement : ....

Temps : ☀ ☁ 🌧 ⚑   **Température :** ....

Partenaires de golf : ....

Eagles: ....   **Bogeys:** ....

Birdies: ....   **Bogey+:** ....

Pars: ....   **Autres :** ....

Trous	1	2	3	4	5	6	7	8	9	Total
Fairway										
Par										
Stroke										
Putts										
Hazard										
Penalties										
Score										

Trous	1	2	3	4	5	6	7	8	9	Total
Fairway										
Par										
Stroke										
Putts										
Hazard										
Penalties										
Score										

Carnet de Golf

Date: **Heure de début :** **Heure de fin :**

Emplacement : ....

Temps : ☀ ☁ 🌧 ⚑ **Température :** ....

Partenaires de golf : ....

Eagles: .... **Bogeys:** ....

Birdies: .... **Bogey+:** ....

Pars: .... **Autres :** ....

Trous	1	2	3	4	5	6	7	8	9	Total
Fairway										
Par										
Stroke										
Putts										
Hazard										
Penalties										
Score										

Trous	1	2	3	4	5	6	7	8	9	Total
Fairway										
Par										
Stroke										
Putts										
Hazard										
Penalties										
Score										

Carnet de Golf

Date: **Heure de début :**   **Heure de fin :**

Emplacement : ....

Temps : ☀ ☁ 🌧 ⚑   **Température :** ....

Partenaires de golf : ....

Eagles: ....   **Bogeys:** ....

Birdies: ....   **Bogey+:** ....

Pars: ....   **Autres :** ....

Trous	1	2	3	4	5	6	7	8	9	Total
Fairway										
Par										
Stroke										
Putts										
Hazard										
Penalties										
Score										

Trous	1	2	3	4	5	6	7	8	9	Total
Fairway										
Par										
Stroke										
Putts										
Hazard										
Penalties										
Score										

Carnet de Golf

Date: **Heure de début :**   **Heure de fin :**

Emplacement : ....

Temps : ☀ ☁ 🌧 ⚑   **Température :** ....

Partenaires de golf : ....

Eagles: ....   **Bogeys:** ....

Birdies: ....   **Bogey+:** ....

Pars: ....   **Autres :** ....

Trous	1	2	3	4	5	6	7	8	9	Total
Fairway										
Par										
Stroke										
Putts										
Hazard										
Penalties										
Score										

Trous	1	2	3	4	5	6	7	8	9	Total
Fairway										
Par										
Stroke										
Putts										
Hazard										
Penalties										
Score										

Carnet de Golf

Date: **Heure de début :**   **Heure de fin :**

Emplacement : ....

Temps : ☀ ☁ 🌧 ⚑   **Température :** ....

Partenaires de golf : ....

Eagles: ....   **Bogeys:** ....

Birdies: ....   **Bogey+:** ....

Pars: ....   **Autres :** ....

Trous	1	2	3	4	5	6	7	8	9	Total
Fairway										
Par										
Stroke										
Putts										
Hazard										
Penalties										
Score										

Trous	1	2	3	4	5	6	7	8	9	Total
Fairway										
Par										
Stroke										
Putts										
Hazard										
Penalties										
Score										

Carnet de Golf

Date: **Heure de début :**   **Heure de fin :**

Emplacement : ....

Temps : ☀ ☁ 🌧 ⚑   **Température :** ....

Partenaires de golf : ....

Eagles: ....   **Bogeys:** ....

Birdies: ....   **Bogey+:** ....

Pars: ....   **Autres :** ....

Trous	1	2	3	4	5	6	7	8	9	Total
Fairway										
Par										
Stroke										
Putts										
Hazard										
Penalties										
Score										
Trous	1	2	3	4	5	6	7	8	9	Total
Fairway										
Par										
Stroke										
Putts										
Hazard										
Penalties										
Score										

Carnet de Golf

Date: **Heure de début :** **Heure de fin :**

Emplacement : ....

Temps : ☀ ☁ 🌧 ⚑ **Température :** ....

Partenaires de golf : ....

Eagles: .... **Bogeys:** ....

Birdies: .... **Bogey+:** ....

Pars: .... **Autres :** ....

Trous	1	2	3	4	5	6	7	8	9	Total
Fairway										
Par										
Stroke										
Putts										
Hazard										
Penalties										
Score										

Trous	1	2	3	4	5	6	7	8	9	Total
Fairway										
Par										
Stroke										
Putts										
Hazard										
Penalties										
Score										

Carnet de Golf

Date: **Heure de début :**   **Heure de fin :**

Emplacement : ....

Temps : ☀ ☁ 🌧 ⚑   **Température :** ....

Partenaires de golf : ....

Eagles: ....   **Bogeys:** ....

Birdies: ....   **Bogey+:** ....

Pars: ....   **Autres :** ....

Trous	1	2	3	4	5	6	7	8	9	Total
Fairway										
Par										
Stroke										
Putts										
Hazard										
Penalties										
Score										
Trous	1	2	3	4	5	6	7	8	9	Total
Fairway										
Par										
Stroke										
Putts										
Hazard										
Penalties										
Score										

Carnet de Golf

Date: **Heure de début :**   **Heure de fin :**

Emplacement : ....

Temps : ☀ ☁ 🌧 ⚑   **Température :** ....

Partenaires de golf : ....

Eagles: ....   **Bogeys:** ....

Birdies: ....   **Bogey+:** ....

Pars: ....   **Autres :** ....

Trous	1	2	3	4	5	6	7	8	9	Total
Fairway										
Par										
Stroke										
Putts										
Hazard										
Penalties										
Score										

Trous	1	2	3	4	5	6	7	8	9	Total
Fairway										
Par										
Stroke										
Putts										
Hazard										
Penalties										
Score										

Carnet de Golf

Date: **Heure de début :**   **Heure de fin :**

Emplacement : ....

Temps : ☀ ☁ 🌧 ⚑   **Température :** ....

Partenaires de golf : ....

Eagles: ....   **Bogeys:** ....

Birdies: ....   **Bogey+:** ....

Pars: ....   **Autres :** ....

Trous	1	2	3	4	5	6	7	8	9	Total
Fairway										
Par										
Stroke										
Putts										
Hazard										
Penalties										
Score										

Trous	1	2	3	4	5	6	7	8	9	Total
Fairway										
Par										
Stroke										
Putts										
Hazard										
Penalties										
Score										

Carnet de Golf

Date: **Heure de début :**   **Heure de fin :**

Emplacement : ....

Temps : ☀ ☁ 🌧 ⚑   **Température :** ....

Partenaires de golf : ....

Eagles: ....   **Bogeys:** ....

Birdies: ....   **Bogey+:** ....

Pars: ....   **Autres :** ....

Trous	1	2	3	4	5	6	7	8	9	Total
Fairway										
Par										
Stroke										
Putts										
Hazard										
Penalties										
Score										

Trous	1	2	3	4	5	6	7	8	9	Total
Fairway										
Par										
Stroke										
Putts										
Hazard										
Penalties										
Score										

Carnet de Golf

Date: **Heure de début :** **Heure de fin :**

Emplacement : ....

Temps : ☀ ☁ 🌧 🏴 **Température :** ....

Partenaires de golf : ....

Eagles: .... **Bogeys:** ....

Birdies: .... **Bogey+:** ....

Pars: .... **Autres :** ....

Trous	1	2	3	4	5	6	7	8	9	Total
Fairway										
Par										
Stroke										
Putts										
Hazard										
Penalties										
Score										

Trous	1	2	3	4	5	6	7	8	9	Total
Fairway										
Par										
Stroke										
Putts										
Hazard										
Penalties										
Score										

Carnet de Golf

Date: **Heure de début :**   **Heure de fin :**

Emplacement : ....

Temps : ☀ ☁ 🌧 ⚑ **Température :** ....

Partenaires de golf : ....

Eagles: .... **Bogeys:** ....

Birdies: .... **Bogey+:** ....

Pars: .... **Autres :** ....

Trous	1	2	3	4	5	6	7	8	9	Total
Fairway										
Par										
Stroke										
Putts										
Hazard										
Penalties										
Score										
Trous	1	2	3	4	5	6	7	8	9	Total
Fairway										
Par										
Stroke										
Putts										
Hazard										
Penalties										
Score										

Carnet de Golf

Date: **Heure de début :**   **Heure de fin :**

Emplacement : ....

Temps : ☀   ☁   🌧   ⚑   **Température :** ....

Partenaires de golf : ....

Eagles:	....	**Bogeys:**	....
Birdies:	....	**Bogey+:**	....
Pars:	....	**Autres :**	....

Trous	1	2	3	4	5	6	7	8	9	Total
Fairway										
Par										
Stroke										
Putts										
Hazard										
Penalties										
Score										

Trous	1	2	3	4	5	6	7	8	9	Total
Fairway										
Par										
Stroke										
Putts										
Hazard										
Penalties										
Score										

Carnet de Golf

Date: **Heure de début :**   **Heure de fin :**

Emplacement : ....

Temps : ☀ ☁ 🌧 ⚑   **Température :** ....

Partenaires de golf : ....

Eagles: ....   **Bogeys:** ....

Birdies: ....   **Bogey+:** ....

Pars: ....   **Autres :** ....

Trous	1	2	3	4	5	6	7	8	9	Total
Fairway										
Par										
Stroke										
Putts										
Hazard										
Penalties										
Score										

Trous	1	2	3	4	5	6	7	8	9	Total
Fairway										
Par										
Stroke										
Putts										
Hazard										
Penalties										
Score										

Carnet de Golf

Date: **Heure de début :** **Heure de fin :**

Emplacement : ....

Temps : ☀ ☁ 🌧 ⚑   **Température :** ....

Partenaires de golf : ....

Eagles: ....   **Bogeys:** ....

Birdies: ....   **Bogey+:** ....

Pars: ....   **Autres :** ....

Trous	1	2	3	4	5	6	7	8	9	Total
Fairway										
Par										
Stroke										
Putts										
Hazard										
Penalties										
Score										

Trous	1	2	3	4	5	6	7	8	9	Total
Fairway										
Par										
Stroke										
Putts										
Hazard										
Penalties										
Score										

Carnet de Golf

Date: **Heure de début :**   **Heure de fin :**

Emplacement : ....

Temps : ☀ ☁ 🌧 ⚑   **Température :** ....

Partenaires de golf : ....

Eagles: ....   **Bogeys:** ....

Birdies: ....   **Bogey+:** ....

Pars: ....   **Autres :** ....

Trous	1	2	3	4	5	6	7	8	9	Total
Fairway										
Par										
Stroke										
Putts										
Hazard										
Penalties										
Score										

Trous	1	2	3	4	5	6	7	8	9	Total
Fairway										
Par										
Stroke										
Putts										
Hazard										
Penalties										
Score										

Carnet de Golf

Date: **Heure de début :**   **Heure de fin :**

Emplacement : ....

Temps : ☀ ☁ 🌧 ⚑   **Température :** ....

Partenaires de golf : ....

Eagles:	**Bogeys:** ....
Birdies:	**Bogey+:** ....
Pars:	**Autres :** ....

Trous	1	2	3	4	5	6	7	8	9	Total
Fairway										
Par										
Stroke										
Putts										
Hazard										
Penalties										
Score										

Trous	1	2	3	4	5	6	7	8	9	Total
Fairway										
Par										
Stroke										
Putts										
Hazard										
Penalties										
Score										

Carnet de Golf

Date: **Heure de début :**   **Heure de fin :**

Emplacement : ....

Temps : ☀ ☁ 🌧 ⚑   **Température :** ....

Partenaires de golf : ....

Eagles: ....   **Bogeys:** ....

Birdies: ....   **Bogey+:** ....

Pars: ....   **Autres :** ....

Trous	1	2	3	4	5	6	7	8	9	Total
Fairway										
Par										
Stroke										
Putts										
Hazard										
Penalties										
Score										
Trous	1	2	3	4	5	6	7	8	9	Total
Fairway										
Par										
Stroke										
Putts										
Hazard										
Penalties										
Score										

Carnet de Golf

Date:	**Heure de début :**	**Heure de fin :**	

Emplacement : ....

Temps : ☀ ☁ 🌧 ⚑ **Température :** ....

Partenaires de golf : ....

Eagles: .... **Bogeys:** ....

Birdies: .... **Bogey+:** ....

Pars: .... **Autres :** ....

Trous	1	2	3	4	5	6	7	8	9	Total
Fairway										
Par										
Stroke										
Putts										
Hazard										
Penalties										
Score										
Trous	1	2	3	4	5	6	7	8	9	Total
Fairway										
Par										
Stroke										
Putts										
Hazard										
Penalties										
Score										

Carnet de Golf

Date: **Heure de début :**   **Heure de fin :**

Emplacement : ....

Temps : ☀ ☁ 🌧 ⚑   **Température :** ....

Partenaires de golf : ....

Eagles: ....   **Bogeys:** ....

Birdies: ....   **Bogey+:** ....

Pars: ....   **Autres :** ....

Trous	1	2	3	4	5	6	7	8	9	Total
Fairway										
Par										
Stroke										
Putts										
Hazard										
Penalties										
Score										

Trous	1	2	3	4	5	6	7	8	9	Total
Fairway										
Par										
Stroke										
Putts										
Hazard										
Penalties										
Score										

Carnet de Golf

Date: **Heure de début :**   **Heure de fin :**

Emplacement : ....

Temps : ☀ ☁ 🌧 ⚑   **Température :** ....

Partenaires de golf : ....

Eagles:	**Bogeys:** ....
Birdies:	**Bogey+:** ....
Pars:	**Autres :** ....

Trous	1	2	3	4	5	6	7	8	9	Total
Fairway										
Par										
Stroke										
Putts										
Hazard										
Penalties										
Score										

Trous	1	2	3	4	5	6	7	8	9	Total
Fairway										
Par										
Stroke										
Putts										
Hazard										
Penalties										
Score										

Carnet de Golf

Date: **Heure de début :**   **Heure de fin :**

Emplacement : ....

Temps : ☀ ☁ 🌧 ⚑   **Température :** ....

Partenaires de golf : ....

Eagles: ....   **Bogeys:** ....

Birdies: ....   **Bogey+:** ....

Pars: ....   **Autres :** ....

Trous	1	2	3	4	5	6	7	8	9	Total
Fairway										
Par										
Stroke										
Putts										
Hazard										
Penalties										
Score										

Trous	1	2	3	4	5	6	7	8	9	Total
Fairway										
Par										
Stroke										
Putts										
Hazard										
Penalties										
Score										

Carnet de Golf

Date: **Heure de début :**   **Heure de fin :**

Emplacement : ....

Temps :   ☀   ☁   🌧   ⚑   **Température :** ....

Partenaires de golf : ....

Eagles: ....   **Bogeys:** ....

Birdies: ....   **Bogey+:** ....

Pars: ....   **Autres :** ....

Trous	1	2	3	4	5	6	7	8	9	Total
Fairway										
Par										
Stroke										
Putts										
Hazard										
Penalties										
Score										

Trous	1	2	3	4	5	6	7	8	9	Total
Fairway										
Par										
Stroke										
Putts										
Hazard										
Penalties										
Score										

Carnet de Golf

Date: **Heure de début :**   **Heure de fin :**

Emplacement : ....

Temps : ☀ ☁ 🌧 ⚑   **Température :** ....

Partenaires de golf : ....

Eagles: ....   **Bogeys:** ....

Birdies: ....   **Bogey+:** ....

Pars: ....   **Autres :** ....

Trous	1	2	3	4	5	6	7	8	9	Total
Fairway										
Par										
Stroke										
Putts										
Hazard										
Penalties										
Score										

Trous	1	2	3	4	5	6	7	8	9	Total
Fairway										
Par										
Stroke										
Putts										
Hazard										
Penalties										
Score										

Carnet de Golf

Date: **Heure de début :**   **Heure de fin :**

Emplacement : ....

Temps : ☀ ☁ 🌧 ⚑   **Température :** ....

Partenaires de golf : ....

Eagles: ....   **Bogeys:** ....

Birdies: ....   **Bogey+:** ....

Pars: ....   **Autres :** ....

Trous	1	2	3	4	5	6	7	8	9	Total
Fairway										
Par										
Stroke										
Putts										
Hazard										
Penalties										
Score										
Trous	1	2	3	4	5	6	7	8	9	Total
Fairway										
Par										
Stroke										
Putts										
Hazard										
Penalties										
Score										

Carnet de Golf

Date: **Heure de début :** **Heure de fin :**

Emplacement : ....

Temps : ☀ ☁ 🌧 ⚑ **Température :** ....

Partenaires de golf : ....

Eagles: .... **Bogeys:** ....

Birdies: .... **Bogey+:** ....

Pars: .... **Autres :** ....

Trous	1	2	3	4	5	6	7	8	9	Total
Fairway										
Par										
Stroke										
Putts										
Hazard										
Penalties										
Score										

Trous	1	2	3	4	5	6	7	8	9	Total
Fairway										
Par										
Stroke										
Putts										
Hazard										
Penalties										
Score										

Carnet de Golf

Date: **Heure de début :**   **Heure de fin :**

Emplacement : ....

Temps : ☀ ☁ 🌧 ⚑   **Température :** ....

Partenaires de golf : ....

Eagles:	**Bogeys:**	
Birdies:	**Bogey+:**	
Pars:	**Autres :**	

Trous	1	2	3	4	5	6	7	8	9	Total
Fairway										
Par										
Stroke										
Putts										
Hazard										
Penalties										
Score										

Trous	1	2	3	4	5	6	7	8	9	Total
Fairway										
Par										
Stroke										
Putts										
Hazard										
Penalties										
Score										

Carnet de Golf

Date: **Heure de début :**   **Heure de fin :**

Emplacement : ....

Temps : ☀ ☁ 🌧 ⚑   **Température :** ....

Partenaires de golf : ....

Eagles: ....   **Bogeys:** ....

Birdies: ....   **Bogey+:** ....

Pars: ....   **Autres :** ....

Trous	1	2	3	4	5	6	7	8	9	Total
Fairway										
Par										
Stroke										
Putts										
Hazard										
Penalties										
Score										

Trous	1	2	3	4	5	6	7	8	9	Total
Fairway										
Par										
Stroke										
Putts										
Hazard										
Penalties										
Score										

Carnet de Golf

Date: **Heure de début :**   **Heure de fin :**

Emplacement : ....

Temps : ☀ ☁ 🌧 🚩   **Température :** ....

Partenaires de golf : ....

Eagles: ....   **Bogeys:** ....

Birdies: ....   **Bogey+:** ....

Pars: ....   **Autres :** ....

Trous	1	2	3	4	5	6	7	8	9	Total
Fairway										
Par										
Stroke										
Putts										
Hazard										
Penalties										
Score										

Trous	1	2	3	4	5	6	7	8	9	Total
Fairway										
Par										
Stroke										
Putts										
Hazard										
Penalties										
Score										

Carnet de Golf

Date: **Heure de début :**   **Heure de fin :**

Emplacement : ....

Temps : ☀ ☁ 🌧 ⚑   **Température :** ....

Partenaires de golf : ....

Eagles: ....   **Bogeys:** ....

Birdies: ....   **Bogey+:** ....

Pars: ....   **Autres :** ....

Trous	1	2	3	4	5	6	7	8	9	Total
Fairway										
Par										
Stroke										
Putts										
Hazard										
Penalties										
Score										

Trous	1	2	3	4	5	6	7	8	9	Total
Fairway										
Par										
Stroke										
Putts										
Hazard										
Penalties										
Score										

Carnet de Golf

Date: **Heure de début :**   **Heure de fin :**

Emplacement : ....

Temps : ☀   ☁   🌧   ⚑   **Température :** ....

Partenaires de golf : ....

Eagles: ....   **Bogeys:** ....

Birdies: ....   **Bogey+:** ....

Pars: ....   **Autres :** ....

Trous	1	2	3	4	5	6	7	8	9	Total
Fairway										
Par										
Stroke										
Putts										
Hazard										
Penalties										
Score										

Trous	1	2	3	4	5	6	7	8	9	Total
Fairway										
Par										
Stroke										
Putts										
Hazard										
Penalties										
Score										

Carnet de Golf

Date: **Heure de début :** **Heure de fin :**

Emplacement : ....

Temps : ☀ ☁ 🌧 ⚑ **Température :** ....

Partenaires de golf : ....

Eagles: .... **Bogeys:** ....

Birdies: .... **Bogey+:** ....

Pars: .... **Autres :** ....

Trous	1	2	3	4	5	6	7	8	9	Total
Fairway										
Par										
Stroke										
Putts										
Hazard										
Penalties										
Score										

Trous	1	2	3	4	5	6	7	8	9	Total
Fairway										
Par										
Stroke										
Putts										
Hazard										
Penalties										
Score										

Carnet de Golf

Date: **Heure de début :**   **Heure de fin :**

Emplacement : ....

Temps : ☀ ☁ 🌧 ⚑   **Température :** ....

Partenaires de golf : ....

Eagles: ....   **Bogeys:** ....

Birdies: ....   **Bogey+:** ....

Pars: ....   **Autres :** ....

Trous	1	2	3	4	5	6	7	8	9	Total
Fairway										
Par										
Stroke										
Putts										
Hazard										
Penalties										
Score										

Trous	1	2	3	4	5	6	7	8	9	Total
Fairway										
Par										
Stroke										
Putts										
Hazard										
Penalties										
Score										

Carnet de Golf

Date: **Heure de début :** **Heure de fin :**

Emplacement : ....

Temps : ☀ ☁ 🌧 ⚑ **Température :** ....

Partenaires de golf : ....

Eagles: .... **Bogeys:** ....

Birdies: .... **Bogey+:** ....

Pars: .... **Autres :** ....

Trous	1	2	3	4	5	6	7	8	9	Total
Fairway										
Par										
Stroke										
Putts										
Hazard										
Penalties										
Score										

Trous	1	2	3	4	5	6	7	8	9	Total
Fairway										
Par										
Stroke										
Putts										
Hazard										
Penalties										
Score										

Carnet de Golf

Date: **Heure de début :**   **Heure de fin :**

Emplacement : ....

Temps : ☀ ☁ 🌧 ⚑   **Température :** ....

Partenaires de golf : ....

Eagles: ....   **Bogeys:** ....

Birdies: ....   **Bogey+:** ....

Pars: ....   **Autres :** ....

Trous	1	2	3	4	5	6	7	8	9	Total
Fairway										
Par										
Stroke										
Putts										
Hazard										
Penalties										
Score										

Trous	1	2	3	4	5	6	7	8	9	Total
Fairway										
Par										
Stroke										
Putts										
Hazard										
Penalties										
Score										

Carnet de Golf

Date: **Heure de début :** **Heure de fin :**

Emplacement : ....

Temps : ☀ ☁ 🌧 ⚑ **Température :** ....

Partenaires de golf : ....

Eagles: .... **Bogeys:** ....

Birdies: .... **Bogey+:** ....

Pars: .... **Autres :** ....

Trous	1	2	3	4	5	6	7	8	9	Total
Fairway										
Par										
Stroke										
Putts										
Hazard										
Penalties										
Score										

Trous	1	2	3	4	5	6	7	8	9	Total
Fairway										
Par										
Stroke										
Putts										
Hazard										
Penalties										
Score										

Carnet de Golf

Date: **Heure de début :** **Heure de fin :**

Emplacement : ....

Temps : ☀ ☁ 🌧 ⚑ **Température :** ....

Partenaires de golf : ....

Eagles: .... **Bogeys:** ....

Birdies: .... **Bogey+:** ....

Pars: .... **Autres :** ....

Trous	1	2	3	4	5	6	7	8	9	Total
Fairway										
Par										
Stroke										
Putts										
Hazard										
Penalties										
Score										

Trous	1	2	3	4	5	6	7	8	9	Total
Fairway										
Par										
Stroke										
Putts										
Hazard										
Penalties										
Score										

Carnet de Golf

Date: **Heure de début :**   **Heure de fin :**

Emplacement : ....

Temps : ☀ ☁ 🌧 ⚑   **Température :** ....

Partenaires de golf : ....

Eagles: .... **Bogeys:** ....

Birdies: .... **Bogey+:** ....

Pars: .... **Autres :** ....

Trous	1	2	3	4	5	6	7	8	9	Total
Fairway										
Par										
Stroke										
Putts										
Hazard										
Penalties										
Score										

Trous	1	2	3	4	5	6	7	8	9	Total
Fairway										
Par										
Stroke										
Putts										
Hazard										
Penalties										
Score										